Amore fetish e masochista.

Racconti erotici

Copyright: Anonima Piccante

2012

Solo per adulti consenzienti!

Amore fetish

(Tutto nacque da un annuncio pubblicato su internet. Ecco la corrispondenza erotica... della stessa autrice con i suoi ammiratori)

Schiavo fedele. Oggi sono contenta di essere in montagna con te. Vorrei riposarmi e trattarti come un cagnolino. Ora accendi il fuoco per cuocere la carne alla brace. Stiamo a pranzo qui e poi ti faccio nero.

Ecco mi sdraio sull' asciugamano per prendere il sole , in costume da bagno.

Tu continui a cucinare e mi guardi con ammirazione i piedi le gambe e il mio seno.

Ora smetti di cucinare e vieni a succhiarmi le tette. Si, bravo, cosi succhia. Però leccami anche sotto.....

Ohh sono contenta...

Pezzo di merda la carne si é bruciata.... niente pranzo. Allora prendo un bastone e ti colpisco. Girati che ti meno per bene sulla schiena!! Ecco anche i tuoi testicoli, te li massacro.

Hai bruciato la carne??!! Allora ti lego tutto, ho anche le manette per le tue mani e le gambe.

Cosi sarai mio prigioniero qui in montagna, in mezzo alla natura.

Ti piace il dolore eh ??

Ora ti butto la braccia sulla schiena, wow, la tua pelle si brucia. Forse vorresti anche il viso bruciato ma io ho un altra idea.

Ti faccio la cacca sulla schiena e sulla testa. Ci godi della sporcizia?! Come gemiti dal dolore e forse dal Piacere di essere uno schiavo vero, reale, della tua Dea, padrona Mary.

Mi piace farti la pipi addosso, cosi ti sciacquo la cacca che c'é su di te e non è finita.

Faccio un paio di telefonate alle mie amiche. Ecco stanno per arrivare . **Ti trovi in mezzo alle quattro donne. Tutte belle e vogliose di torturarti.** Una ti taglia il petto con il rasoio, l'altra ti stacca le unghie con le pinze e cosi non può mancare chi ti schiaccia con gli stivali con i tacchi alti. Io Con la mia frusta ti colpisco a tutto più. Tu sei sfinito dal dolore.... non vedi l'ora di essere ancora schiacciato dai nostri piedi, di essere pisciato e cacato addosso dalle mie amiche, cosi poi ci pulisci le nostre fighette e i nostri culi con la tua lingua.

Ed ora è giunto il tuo momento... TI MASTURBI e nel frattempo LECCHI 4 donne nude sdraiate sul prato. Noi ti guardiamo il cazzo e attendiamo il tuo nettare... Masturbati PORCO!!

facci vedere...

Sii solo mio!!!!

La scena che stai spiando ti riempie di gioia e desiderio...
Come un guardone feticista stai spiando me e le altre donne in
Sauna dal buco della serratura. **SEI Incantato vedendo i
piedini nudi e tutto ciò che ti capita di vedere. OPS, sento
l'odore tuo e vengo a beccarti..**

**Mmhhhhhh porco schifoso. STAI SPIANDO I piedini delle
altre e invece sei solo mio. ! Ti Punisco !!!**

Adesso apro la porta ti trascino per i capelli dentro dove c'è la
vasca con alcune donne nude dentro l'acqua.
Con una spintarella ti butto nell'acqua e tu subito te ne
approfitti di baciare i piedini sotto l'acqua.
Sento l'urli delle donne ed entro nell' acqua pure io per darti
una lezione...

Ecco ti affondo con l'aiuto di una bella donna con il seno
prosperoso. TI VOGLIO affogare !!!

Ad un certo punto stai per fare una brutta fine ed interviene il
personale della sauna. Sei salvo, purtroppo:-))
ma nessuno mi può impedire di menarti, di farmi baciare i
piedini davanti a una ventina di donne nude o quasi, solo con
l'asciugamano legato ai fianchi.

Però non te la smetti! Con un'abilità stupefacente ti metti ad abbaiare e a leccare i piedini delle altre. Sei svelto, affamato, quasi come un serpente scivoli fra le gambe di tante donne. Ormai sono tutte curiose di vederti e sentire i tuoi baci.

Sei diventato il leccapiedi di tutte in Sauna. Ora vado a prendere le manette e le corde, indispensabili per torturarti. Ah nel frattempo ti stai facendo schiacciare dalle altre. Schiavo traditore. Hai fame di piedi?!

Ti faccio vedere. interrompo subito! Con l'aiuto delle altre ti lego per bene e stringo forte le dita dei tuoi piedi. Ora é il momento del mio TRIONFO, della Mia GODURIA. Ti trascino violentemente cercando un altro posto per appiccarti. Ecco, ci siamo. Sei ancora sdraiato sul pavimento ed è ora della doccia...... Ti faccio la pipi sulla testa ma non basta. Interviene un'altra e ti piscia sul petto. Diventa una fila di donne in attesa di pisciarti.

Ora si piegano per prendere di mira i tuoi piedi. La pipi calda ti scivola ovunque, anche sul viso e dentro la bocca. Pur essendo cosi tu riesci a fregarmi. Non capisco come fai a baciare i piedini quando ti pisciano addosso. SEI incredibile, ma ancora più incredibile è la mia idea. Ti appicchiamo con la testa in giù. Le dita dei tuoi piedini soffrono come al solito. Ti vedo che soffri molto.

Ora con le ciabatte ti prendo di mira e ti colpisco sul viso. Lo stesso fanno anche le altre. Sei diventato un bersaglio ideale per le nostre ciabatte. Siamo in calore dall' idea di colpirti su tutto il corpo e non é finita.

Prendo le mie ciabatte in mano e mi avvicino. SCHIAVO del cazzo tieni queste e ti colpisco in continuazione sui piedi e le palle.
Ti circondiamo!!! Venti donne con la ciabatte in mano, ti colpiamo senza pietà,senza perdere un attimo, senza stancarci mai ti facciamo rosso. Ti esce anche sangue, sei ferito. Stai soffrendo e noi continuiamo a colpirti.... con tanta felicità di averti fatto soffrire.

Ora ti prendiamo tra le braccia e ti buttiamo nella vasca idromassaggio per farti sciacquare il sangue.

NON so come ma la vasca é anche piena di serpenti... Ecco la tua tortura é destinata a proseguire....in mezzo ai serpenti e forse dopo ancora in mezzo a venti donne e 40 piedini da leccare ancora, di nuovo, per sempre......!!!!!!

Sei fortunato Schiavetto mio. perché sappi che Dolce Mary é l'unica Padrona Perversa e Sublime nell' Universo femminile. Nessuno fu mai come me.

TI POSSIEDO. TI TORTURO: E OBBEDIRAI SEMPRE !
Sarai sempre massacrato.

Centro commerciale

Era ora di portarti in un Centro commerciale.

Cammino fiera in mezzo al la gente mentre tu fai finta di essere il mio cane. Con il guinzaglio sul tuo collo mi segui dietro a quattro "zampe". Mi sento più che mai Padrona.

Questo è il mio trionfo davanti agli occhi di tutti. Mi fermo e tu mi lecchi gli stivali alzando gli occhi perché lo sai che non porto le mutandine sotto la gonna.

Ti fa impazzire il mio pube peloso e continui a leccarmi gli stivali. Mi scappa la pipì ed entriamo nel bagno. Sei ancora li posizionato come un cane. Mi alzo e tu mi pulisci la fica con la lingua. Mmmhhh mi giro e tu capisci che mi devi leccare dietro... Però vorrei essere ancora leccata davanti.

Adoro quando mi lecchi e mi baci i peli, perché quando vedi i peli inizi subito a masturbarti.... ohhh cosi mi piaci. Continua a masturbarti per la tua Padrona.

Con la tua Padrona

SII MIO: TI VOGLIO!

Tua Padrona Sublime

Hey schiavetto! Dopo cena ti vorrei lungomare.

Faremo una passeggiata, ma ci sarà la sorpresa. La luna piena di stasera ci rende più focosi. Ecco solo noi due in riva che ci guardiamo negli occhi. Aspetti la mia sorpresa.

Ora ti lego come un cane. Dai muoviti porco! Andiamo a spasso cosi come fossi con il mio cane.

Sei un po' lento e ti meriti un bel calcio nel culo e sinceramente sono stanca di camminare.

Adesso sdraiati sulla sabbia: Attendi cosi che mi tolgo le mutandine. ma per la prima volta ti attende la mia pioggia dorata.

Vengo sopra di te e con le gambe aperte mi piego per prendere la mira.
Voglio pisciarti sulla faccia e non solo. Wow come gemiti. Ti piace la piscia addosso.

Apri anche la bocca, perché la devi bere. Ok, ora continuo a pisciarti sul petto e man mano scendo giù per pisciarti sui piedi. Ti vedo in delirio..... maiale, sporcaccione.

FAMMI SENTIRE PADRONA: LECCAMI ORA LA FICA così non perdi nemmeno una goccia della mia pioggia dorata. Sai, Mi piace stasera qui insieme, lungomare. ORA MI SDRAIO VICINO A TE sulla sabbia e ci masturbiamo a vicenda. Tua padrona eccitata.

Lui scrive una e-mail

Padrona! Mi piacciono i tuoi racconti ne voglio uno ancora più porco con le tue mutandine molto sporche...

-Schiavo!! Ti voglio qui inginocchiato davanti ai miei piedi. Voglio che mi togli i stivali e poi mi massaggi i piedini. Sento le tue labbra che mi baciano i piedi. Godi con l'odore. ti accarezzo la testa e poi ti do due schiaffi. Ora sdraiati per terra Porco! Voglio schiacciarti e darti dei calci. Mi piace farti del male.

Ecco ora ti do le mie mutandine sporche. Riempiti il viso delle mutandine bianche, annusa il profumo della mia fica. Mi sembri un cagnolino, posseduto dai mie odori.

Ora sei mio, non mi scappare

Tua padrona!!!

Ora voglio che mi accontenti schiavetto mio. Lo so che hai una voglia matta di masturbarti e leccare il tuo sperma, ma attendi il mio ordine.
Fai un ditalino al tuo sedere... l'ano tuo é voglioso non solo di un dito, ma anche di altro. Prendi una penna e infilala dietro... cosi, si, ti piace eh?

Concentrati bene, voglio che lo infili per bene, anche se ti avrei dato il mio vibratore mmmhhhhh

Fossi li, ti farei di tutto con il mio vibra..

Mi piace il tuo gemito!!!! Mi piace farti sentire il mio schiavo. ora le sberle, dai...!!! Cosi, maiale schifoso. Continua...

Ti ordino di masturbarti... al bagno o li, sotto la scrivania.
Tua padrona Sublime

E-mail: Buongiorno Padrona!

Ore 2.30 di notte mi sono svegliato pensando a lei, Mia Padrona, a tutte le sue parole. Quando tutti dormivano mi sono alzato e mi sono recato nella sala-cucina, dove prima di mettermi adagiato sul divano ho afferrato un penna (bic blu).

Tolto le mutande ho iniziato a toccarmi il buco del culo, dopodiché ho incominciato a spingerci la penna come da lei ordinato, Mia Padrona.
Sentivo male, ma ero talmente eccitato da lei, Mia Padrona, che non ho trovato molta difficoltà a infilarmela tutta dentro.
Dopo questo mi sono masturbato, fino a venire, schizzando quasi fino al petto. Ho messo subito la mano sotto le palle per raccogliere tutto lo sperma caldo che mi colava giù. La mano piena l'ho portata vicino alla bocca e con la lingua ho incominciato a leccarla fino all'ultima goccia come suggerito da lei, Mia Padrona.

Ho cercato di documentare il tutto con delle foto. Dopo essermi lavato sono tornato a letto accanto a mia moglie. Mi SENTIVO UN PORCO!

Speravo di dormire, ma sapevo che non sarebbe stato facile. Infatti ripensavo a quello che mi avevi fatto fare, Mia Padrona. Non riuscivo a prendere sonno, anzi il mio pisello moscio ricominciava a prendere vita. Ho ricominciato a masturbarmi. Ora mi preparo per andare al lavoro. Sono stanco, felice di esserlo per la Mia Padrona. Spero le faccia piacere ricevere le foto del suo umile schiavo.

Baci alle sue scarpe , Mia Padrona.

Suo schiavetto.

Mi piace possederti!

Ho voglia di averti qui in camera mia, Ok?
Tu sei il mio schiavo e ti tratto come tale. Ora mettiti sul letto.
Spogliati subito, tutto nudo.

Ecco già in erezione il tuo cazzo schifoso. Ora sto in piedi e
prendo la mia frusta.

Vedi come sono sexy, ti piacciono le mie mutandine bianche?
Masturbati porco, ti voglio vedere.!! adesso giù dal letto.
Si, cosi, continua a masturbare! Ecco la frusta, ti frusto senza
pietà. Godi dal dolore..??

Ora girati, ti frusto la schiena. Mi piace il tuo urlo.
Ora prendi il mio vibratore e lo infili nel culo. Si, cosi mi piace
vederti con il vibratore. Masturbati ancora che ti faccio leccare
il mio culetto. Ok ora leccami il culetto e masturbati.

Voglio vedere il tuo sperma sul mio reggiseno. Ecco prendi il
reggiseno. Avanti cosi..... Godi maiale,schiavo, ti colpisco con
il mio piede sulle palle...forza, vieni ora sul mio reggiseno e
poi lecca tutto.

La tua padrona

Lo schiavo L. scrive una e-mail.

O mia Divina Padrona

Le sue parole mi eccitano tantissimo e mi fanno portare subito la mano sul mio umile pisello.

Mi eccita quando mi fai tutto questo, fino a farmi venire come un verme. Sento il suo profumo delle sue parti intime, del suo pube peloso, della sua calda pipì e del suo adorabile buco posteriore.
Ho ammirato le sue foto. Il suo fondo schiena, ed è adorabile come pensavo, un fondo schiena davvero divino! Sono certo che la penserò tutto il giorno e la notte sicuramente non riuscirò più a dormire sonni profondi. Divina Padrona, anche in questo momento mentre le scrivo a sedere su una sedia non riesco a fare a meno di portarmi la mano sul mio umile pisello.

La saluto con un bacio a i suoi adorabili piedi e con una venuta di sperma calda a lei dedicata che mi cola giù per le palle continuando giù per le mie gambe.

Suo schiavetto L.

Per te schiavo!!!
Ora siamo qui in campagna nella stalla dei maiali di mio padre.
Ci tenevo ad averti qui in mezzo alla sporcizia e i grugniti dei maiali. Vestita in nero con gli stivali neri, minigonna e la mia immancabile frusta, bastone, catene, corde. Sono sopra di te con le gambe aperte, per darti modo di vedermi la fica e il culo.
Sei incantato dalle mie gambe lunghe quando ammanettato ti razzoli nella sporcizia dei maiali.

Il primo maiale ti calpesta violentemente il petto. **Intanto ti lego le dita dei piedi con la corda. ora la corda la metto intorno al collo del maiale, ma solo su un piede. La corda che ti stringe le dita del'altro piede me la tengo io tra le mani.**
ADDESSO ti trasciniamo sia io che il maiale.
la corda ti tortura le dita, ma non basta.

Ti bastono i piedi, ti faccio a sangue e GODO quando sento il tuo Urlo che man mano diventa gemito.

Sei nudo e vedo il tuo cazzo in erezione... Ansimi dal piacere e urli dal Dolore.

Gli altri maiali si avvicinano e ti leccano calpestano, e io continuo a bastonarti i piedi e farti trascinare con la corda per staccarti le dita del piede.

Cosi schiavo di merda ti torturo ancora, con il desiderio che non finisca mai.

Incredibilmente tu inizi a masturbarti... Convinto di essere il mio Schiavo.

Ora ti appicco i piedi su un piantone. I piedi in su e la testa in giù. Le dita dei tuoi piedi sono quasi staccate... le stai perdendo per sempre.

Ti frusto ovunque, MUGGISCO dal piacere di possederti, TORTURARTI!!!

ESSENDO LA TUA UNICA ed Inimitabile Padrona, ti ordino di urlare il mio nome, di supplicarmi di farti del male. E cosi sia, ora e per sempre.

Ma non e finita: dal piantone scivolano due serpenti per legare meglio il tuo corpo. Frustato, calpestato e legato dalle manette, le corde insieme ai serpenti, con le dita dei piedi... massacrati. la tortura prosegue dolorosamente...........

LO SCHIAVO migliore sei Tu
  Voglio possederti ancora
  Tua Padrona **Artistica:-)**

Lui risponde via e-mail:

Divina Dea Padrona Mary

Complimenti, bella storia! Fantasiosa! Spettacolare !
Vorrei davvero che si avverasse, ma non per poter leccare i
piedi di molte donne, ma per poter essere umiliato, picchiato,
torturato da Lei, Divina Padrona Mary e solo se lei lo desidera
accetterò volentieri di subire tutto questo anche da altre
donne. Lei Ha perfettamente ragione, sono fortunato ad essere
l'umile servo, lo schiavo di una Sublime Padrona di tale
grandezza, Perversa e Sadica come io merito.
La mia sottomissione alla Sua Divinità è totale, io non mangio,
se Lei non me lo ordina, non bevo, se Lei non me lo ordina,
non respiro, se Lei non me lo ordina, non vivo, se Lei non me
lo ordina, io non ho corpo, non ho mente, e' tutto nelle Sue
mani, e può farne quello che vuole.
Umilmente
Schiavo F.

Un'altro scrive…

Padrona, sono onorato di essere torturato per il suo
divertimento. Un bacio sui suoi piedi bellissimi, aspetto altri
racconti con torture.

Il suo schiavo

L'altro schiavo scrive..

Mi piaci e mi ecciti mia padrona, ti lecco dove vuoi anche il culo sporco e bevo la tua piscia, sono il tuo schiavo cattivo che và punito! Sì puniscimi!!

Padrona ti adoro....fatti vedere...... Se sono queste le tue fantasie sei davvero fantastica! Ciao padrona...il tuo umile schiavo!

Schiavo mio, lo decido io… se ti torturo…

TI PUNISCO COSI;
Stanotte ti ammanetto e ti lego sulla sedia in camera mia.
Starai li tutta la notte a guardarmi, aspettarmi che io mi sveglio per farti la piscia in bocca...
E poi con la mia frusta ti farò nero...
Questo é un Desiderio, non solo fantasia. TI VOGLIO STANOTTE !!
Obbedisci schiavo, verme!!!!!
  Tua Divina PADRONA
p.s ho fretta , ti riscrivo domani. **Sii il mio Cesso**

Leccami ora sotto la gonna

A casa mia

Vieni qui porco. Lavami i piatti subito!

Fammi sentire padrona. Ti do le frustate sulla schiena perché sei lento. lava più veloce i piatti!!
Testa di cazzo, verme schifoso!
Ora portami da bere sul divano. Sono senza mutandine sotto la gonna.
ORA LECCAMI IL CULO SPORCO e La fica piena di sangue!
Ti do schiaffi e ti sputo in faccia. Stronzo porco che non sei altro.
Se non stai zitto, ti mando in canile... al posto tuo:-)
TUA PADRONA SUBLIME

Uno dei schiavi scrive...

Ciao dolce Padrona! Sei proprio una gran porca. Quanto mi piacerebbe stare ai tuoi piedi ed arrivare fino ad annusarti le tue mutandine proprio mentre le indossi per sentire l'odore della tua fica bagnata del tuo umore leccartela tutta fino a che mi vieni in bocca e poi penetrarti con la figa tutta bagnata sarebbe stupendo
Un grosso bacione dove più ti piace
Tuo schiavo

L'altro schiavo scrive...
Grazie per avermi risposto padrona!
Ti sono già devoto sognando di annusare e baciare le parti più odorose del tuo corpo, se tu lo vorrai, ed essere ai tuoi ordini.

Sono già in ginocchio, davanti a te aspettando di esaudire ogni tuo desiderio!
Tuo umile servitore, per darti il massimo piacere!

Schiavo !! Ora vieni sui miei Piedini. è un ordine!!

Si Padrona, vengo sui tuoi piedini ... dopo che ti ho leccato la fica piena della tua pioggia dorata ... è buonissima ... sono quasi affogato ma la bevo e voglio sentire il tuo succo che mi cola in bocca ... voglio che ti siedi sul mio viso fino a soffocarmi ... sono il tuo oggetto e ti vengo sui piedi a fiotti caldi ... ah grazie della foto ... e grazie di avermi onorato della vista del tuo culo ... lo desidero ma non mi permetto ... ora rimani seduta su di me ... sul mio viso ... fammi respirare la tua eccitazione ...
Tuo schiavo!

Sublime Dea Padrona Mary!

Le punizioni che mi infligge sono assolutamente necessarie, affinché io possa migliorare per poter aspirare a diventare, un giorno, un degno servitore di una immensa Maestà quale e' Lei, la strada e' ancora lunga, La supplico di avere pazienza con me, di proseguire la mia rieducazione in maniera molto dura e severa, senza sconti.
Mi insegni a sopportare sempre di più il dolore, perché io possa soffrire sotto i Suoi colpi senza perdere la lucidità di un umile servitore.

Le chiedo umilmente scusa per la lentezza nel lavare i piatti, ho meritato tutte le botte chi mi ha inferto, probabilmente ne meritavo di più, poi, con sincero piacere e onore, ho leccato al meglio delle mie possibilità il Suo adorabile culo sporco e la Sua caldissima fica sporca, ho molto da imparare, Sublime Dea Padrona Mary, ma la mia devozione per Lei e' infinita, e voglio arrivare ad usare la mia lingua al posto della carta igienica per pulirle culo e fica, questo per me sarebbe un grandissimo onore.

Umilmente
Schiavo A.

Uno schiavo si ribella e scrive..
La Rivolta…
A letto. Tu calze nere e tacchi a spillo. Ti scopo mentre ti mordo e tiro i capelli. Quando vieni bevo dalla figa. Ti sborro sulle calze che non laverai e che riutilizzeremo….

Ora tocca al tuo schiavo. Siamo nudi in camera. Ti butto sul letto ti metto a 90 ti prendo da dietro mentre ti tiro i peli della figa ed i capelli. Quando vieni levo il cazzo e ti lecco la figa così bevo. Quindi ti vengo sulla schiena la lecco e te lo metto in bocca mentre ti bacio. Ti piace? Vuoi sapere più di me…..?
Voglio qualcosa di romantico. Senno la mia rivolta continuerà.
--

-No schiavo basta con le rivolte!!! Ecco cosa ho scritto…

Tesoro mio ribelle.

Sto immaginando Noi due in una crociera verso la Sardegna,. sai, mi piace la vita comoda e l'amore lussuoso.;)

Insomma durante una crociera noi due che cerchiamo un pizzico di trasgressione.

La sera tu inviti una ballerina nella nostra cabina e dopo aver chiacchierato e bevuto un po' di spumante, lei Nuda davanti a noi Bollente e affamata di noi due (ma forse solo di te).

Ci sdraiamo sul letto e cominciamo a baciarci tutti e tre. Mi sentivo coccolata dalla sorte mentre vedevo la ballerina 20enne di fare il 69 con te.

Lei aveva un sedere da urlo e il seno sodo. Dopo di che lei mi ha invitata di gioire il tuo pene.

Insomma noi due ragazze bionde, che ti facevamo un servizio Orale. Subliminale.

Due bocche aperte in attesa del tuo nettare... poi ho sentito il tuo schizzo sul mio volto..

Era la gioia che sognavo. Avrei desiderato che fosse tutto reale... hihihi

   tua Mary

Mary! Non mi basta! Voglio un altro raccontino e poi ci sarà la pace. Non mi ribellerò mai più.

-Ok caro. Ho scritto per noi due... basta che te la smetti con le tue rivolte...

Ieri sera ti aspettavo con ansia in camera d'albergo. Mi ero truccata per bene e i miei capelli biondi facevano un bel riflesso con la luce dell'abatgiur.

E giunse il momento più atteso ! sei entrato tenendo nelle mani un mazzo di rose rosse,

Ti abbracciai con tenerezza e tu mi hai baciato i capelli lunghi. Ti piaceva il mio profumo. profumo del nostro amore.
Mi sono sdraiata sul divano e tu all'improvviso mi hai buttato dei petali rossi sul mio seno.

Cosi man mano mi hai coperta di rose rosse. I petali mi rendevano ancora più sexy ma anche + focosa di te. Ci siamo baciati a lungo, e il tuo pene duro mi faceva gola...-))
Mi sono inginocchiata mentre tu stavi sul divano. Ecco il primo colpo erotico.;Sentii il tuo pene che mi sbatteva in faccia . Ohh dio che colpo! i tuoi testicoli favolosi fra le mie mani. la mia lingua scivola fra le tue palle...certi brividi di piacere stavano conquistando il tuo corpo.

Mi accarezzavi i capelli quando la mia bocca conquistò il tuo pene. Era tutto dentro la mia bocca fino in gola.
Ho mosso la testa come una pazza (d'amore) , gemitando. Ho riposato un po' la bocca per farti un lavoro manuale..., quello + travolgente. ma la voglia matta di succhiarlo non mi era passata. Lo volevo tutto per me. Continuammo cosi x 20 minuti, prima della finale.
Lo strinsi fra le mie labbra il tuo glande, quello + bono che avevo mai   visto.
Ti ho fatto sentire anche i miei denti mentre raggiungevi l'orgasmo... I denti e le labbra furono violenti x rendere + bruciante, l'orgasmo.
Avevo la bocca piena di nettare...., ho ingoiato ma non ci riuscivo del tutto perché era tanto.

Ero felice quando ho visto lo sperma scivolare dal volto alle mie

tette.
Ormai ero in delirio.

Ieri sera era memorabile.

Dolce Mary

Un'altra e-mail dallo schiavo X

Ne hai di fantasia è? Sei forte. Vivo con il cazzo perennemente dritto da quando ti conosco. Voglio la tua voce. Fidati sono riservato molto riservato. Prima in bagno pensavo a te nuda ma con le calze seduta su di me con la figa a contatto del mio cazzo ma senza penetrazione ed io che mi masturbo mentre ti lecco la schiena.......
A presto!

Richiesta speciale. Un ragazzo ha certe fantasie strane…
E chiede via e-mail di poter scrivere apposta per lui un racconto insolito. Come segue……

Sembra la donna che vuole sfidare il tempo che passa.
Avrebbe compiuto qualsiasi pazzia a letto purché risentire un'altra volta il profumo degli anni della sua giovinezza.

Anche l'incontro che ha organizzato con la complicità dei figli è una sfida, **forse anche una lezione di sesso per loro.:-)**

Siete tutti e tre a casa quando suona il campanello. La signora Antonietta non esce dalla sua camera in attesa dei boys.

Tu Paolo li fai entrare e li guardi con un po' di malizia, come se volessi indovinare chi tra i due aveva il cazzo più grosso:):-)

Dai tempi che vedevi film porno e con un certo talento (da maiale vero :-)) indovini le misure del cazzo dei ragazzi.

Non hai mai espresso a nessuno **il tuo debole per il sesso nero**... sognando il sedere nero di certe ballerine brasiliane, quelle li che facendo anale sono pure in grado di ballare mentre le inculi, con il rischio di avere in cambio la frattura del pene. -):-):-)

E tu non credi agli occhi tuoi. Il bel facchino del Porto con timidezza tiene in mano un mazzo di rose per la Signora Antonietta.

" ecco, persino un facchino fa meglio di mio padre " pensi mentre accompagni i boys di colore, **da tua madre in calore:-)**

Tua sorella fa finta di niente e continua a scrivere sms alle amiche.

La osservi ma non riesci a capire se è contenta o indifferente agli ospiti. Si sentono le risate di Antonietta che scherza con i due ragazzi.

Con il tuo solito coraggio entri nella camera. Li dove è prevista la "lezione" erotica.

I due ragazzi li vedi sdraiati sul letto nuziale, mentre tua madre scivola tra di loro e li spoglia con le sue mani.

Ma non ci fai caso mentre lei sbottona la camicia del 19 enne che gli portò le rose. Non te ne frega neanche quando lei baciando il petto di uno, accarezza la testa all' altro.

SEI SBALORDITO. ANTONIETTA Indossa l'abito bianco da sposa, come 28anni fa.

A questo punto **la Sfida è Totale** e non c'entra solo il tempo che passa velocemente ma anche le coccole terribilmente. mancate,

Le rose mancate, le parole d'amore non dette durante i 28anni di noia...

Non si fa spogliare, ma vuole essere baciata sul collo. " Signora Antonietta , sei molto sexy con le calze bianche " le dice il ragazzo 21enne mentre le bacia le cosce.

Tu continui a guardare.; **Ormai i ragazzi sono nudi e si fanno toccare da Antonietta**, mmhhhh wow che bel cazzo!! dice lei ogni volta che tocca il cazzo, ma li vuole toccare entrambi e tutto ciò contemporaneamente.

Sta li in mezzo ai due ragazzi carini, vertiginosamente sexy!!

Che bella scena a vederli baciarsi tutti e tre.

Sei eccitato. Quella stronza di tua sorella sta guardando dal buco della serratura e sembra che ancora non abbia il coraggio di entrare.

Lo sai benissimo che pure lei è eccitata, ma non lo ammetterà mai.

Ora il 19enne facchino con delle mosse svelte toglie le mutandine ad Antonietta.

E cosi eccitante sentire le sue parole : " Lo voglio in Culo " .

Comincia a leccare il cazzo del 21enne, per rendere più scivoloso nell' ano.

URLA DAL DOLORE e solo ora entra anche tua sorella in camera.

Si capisce che le fa male il cazzo grosso nell' ano. però pian piano sta cambiando tutto. Dopo l'iniziale dolore la signora Antonietta prova piacere.

Il 19enne glielo sbatte in faccia.. Sembra come se la mena con il cazzo sul viso, ma lei lo acchiappa con i denti e poi succhia fino alla gola.
Golosa di cazzo, hai pensato senza cattiveria.

Porta ancora l'abito bianco.
PAOLO ! mi fa schifo , dice tua sorella con la sua falsità. Tu invece sei convinto che vorrebbe fare la doccia con uno dei ragazzi-)
Sei convinto che si vuole masturbare ma è "bloccata":-)

Il tuo cazzo è in tiro. Non sai che fare.
Intanto dal letto la scopata continua sempre più maialesca. Forse **anche bestiale, tra gemiti, urla, e tua madre sfida anche le vacche mentre muggisce:-)**
I ragazzi sfidano i cavalli con le loro dimensioni. Ci vorrebbe proprio una stalla dove tu ti potevi masturbare dietro una vacca, senza farti vedere o per analizzare se **Antonietta nella vita precedente era una vacca visto le dimensioni del culo:-):-)**

E tutto così eccitante; Il ritmo, le mosse, lo sperma che scivola sul viso della vacca Antonietta, sul sedere, fica.
Come se non volesse finire mai lei continua a stare alla pecorina, e tu ti avvicini insieme a tua sorella per guardare il buco dove era accaduto il miracolo.:-)
Il buco dell' ano di tua madre. SEI UNA VACCA VERA, COMPLIMENTI MAMMA;-) gli hai detto.

Però c'e la dolce sorpresa. Il ragazzo 21 enne prima di uscire ti dice: Domani ti porterò qui le mie sorelle: Una ha 22 anni e l'altra appena maggiorenne.
Mi piacerebbe che fossi tu a sverginarle.... nell' ano... :-)
Te le sei meritate ....

Dieci giorni dopo.

Il tuo compito da fotografo, diventa sempre più eccitante. Ora stai guardando tua madre mentre cavalca il "cavallo" nero.
I gemiti di lei dimostrano che sta godendo questo incontro, nella tua presenza. Anzi è la tua presenza che rende cosi piccante l'atmosfera, forse anche l'orgasmo.:-)
Ma da vera esperta lei non si ferma. Indispensabile una pecorina, ma tu vuoi scattare la foto più eccitante... anale.
In culo, mettilo in culo, le dici tu.
Ora ti avvicini ed ecco **la foto anale**.... Il cazzo nero entra in profondità.
Ti piace tutto, ma sopratutto piace a tua madre che ansima e spinge per prenderlo meglio in culo.

Sei eccitato. Vuoi vedere la sborra sulle chiappe, sulla schiena, ma invece lei le dice. **Sborrami in bocca e sulla faccia.**

Ecco il momento della gloria.
Per al prima volta nella tua vita vedi tua madre ricevere sulla faccia lo sperma. Con la bocca aperta lei attende ogni goccia possibile e ingoia, e incredibilmente muggisce da vacca.:-):-)

Ora è giunto il momento della leccatina. Tua madre lecca e poi succhia il cazzo grosso.
Ti piace vedere questa scena.
sei in delirio e ti vuoi masturbare di nascosto al bagno

Finalmente hai scoperto che lei è soprattutto una donna (non solo una madre) che desidera amore, coccole e perché no anche sesso spinto.

Forse hai già pensato di installare una Candid camera...., per spiare tua madre:-)
Non so se avrai il coraggio di vedere le foto o il filmato insieme a tua sorella…
Buon divertimento!!